필립 번팅 글·그림

세계적으로 인기 있는 어린이책 작가이자 세 아이의 아빠입니다. 잠이 부족하고 시간에 쫓겨 확 늙어 버린 부모들과 그 아이들을 위한 그림책 만들기를 좋아합니다. 영국의 레이크 디스트릭트에서 자랐으며, 지금은 호주 누사 근처 언덕에서 가족들과 함께 살고 있습니다. 2017년 첫 책을 출간한 후 2018년 호주 어린이 도서 선정 위원회 명예상을 받았고, 케이트 그리너웨이 상 후보에 오르기도 했습니다. 작가의 책은 여러 언어로 번역되어 전 세계 30여 개국에서 출간되었습니다. 『지구는 네가 필요해!』, 『미생물, 네가 궁금해!』, 『민주주의야, 반가워!』 등을 쓰고 그렸습니다.

황유진 옮김

연세대학교에서 영어영문학을 전공하고, 한겨레 어린이 청소년 번역가 그룹에서 공부한 후 프리랜서 번역가로 활동하고 있습니다. 옮긴 책으로 『지구는 네가 필요해!』, 『돌 하나가 가만히』, 『딕 브루너』, 『미생물, 네가 궁금해!』, 『민주주의야, 반가워!』 등이 있습니다. 그림책과 글쓰기로 어른들의 마음 돌봄을 도우며, 쓴 책으로 『어른의 그림책』과 『너는 나의 그림책』, 『어른의 글쓰기』가 있습니다.

이태관 감수

고려대학교에서 생리심리학으로 석사 학위를 받았고, 예일 대학교에서 행동 신경과학으로 박사 학위를 받아 MIT와 위스콘신 대학에서 박사 후 연구원으로 근무했습니다. 현재 한국뇌연구원 책임연구원이자 첨단뇌연구장비센터장으로 일하며 대한자기공명의과학회와 한국뇌신경과학회 등에서 활동하고 있습니다. 공저로 『생물 심리학 : 뇌와 행동』과 『자기공명영상의학』이 있습니다.

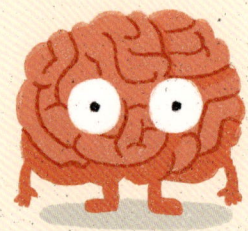

필립 번팅 글·그림   황유진 옮김   이태관 감수

뇌는 정말 놀라워!

너의 생일 파티를
함께 즐기는 뇌

북극곰

뇌 탐험 시작하기
신비한 뇌 이야기

뇌에 대해 얼마나 알고 있니? 뇌는 눈 뒤쪽, 머리뼈 속에
들어 있는 신기한 덩어리야. 꼭 호두처럼 생겼지.
뇌 덕분에 우리는 생각하고 기억을 저장할 수 있어. 대단하지?
하지만 이게 다가 아니야. 이 말랑말랑한 분홍빛 덩어리는
보기보다 훨씬 더 독특하고 아름다워. 인간의 뇌,
그러니까 너의 뇌는 우주에서 가장 기묘하고 복잡하고
신비로운 존재라고 할 수 있어. 그렇지만 우리는
뇌에 대해 아직도 모르는 것이 많단다.

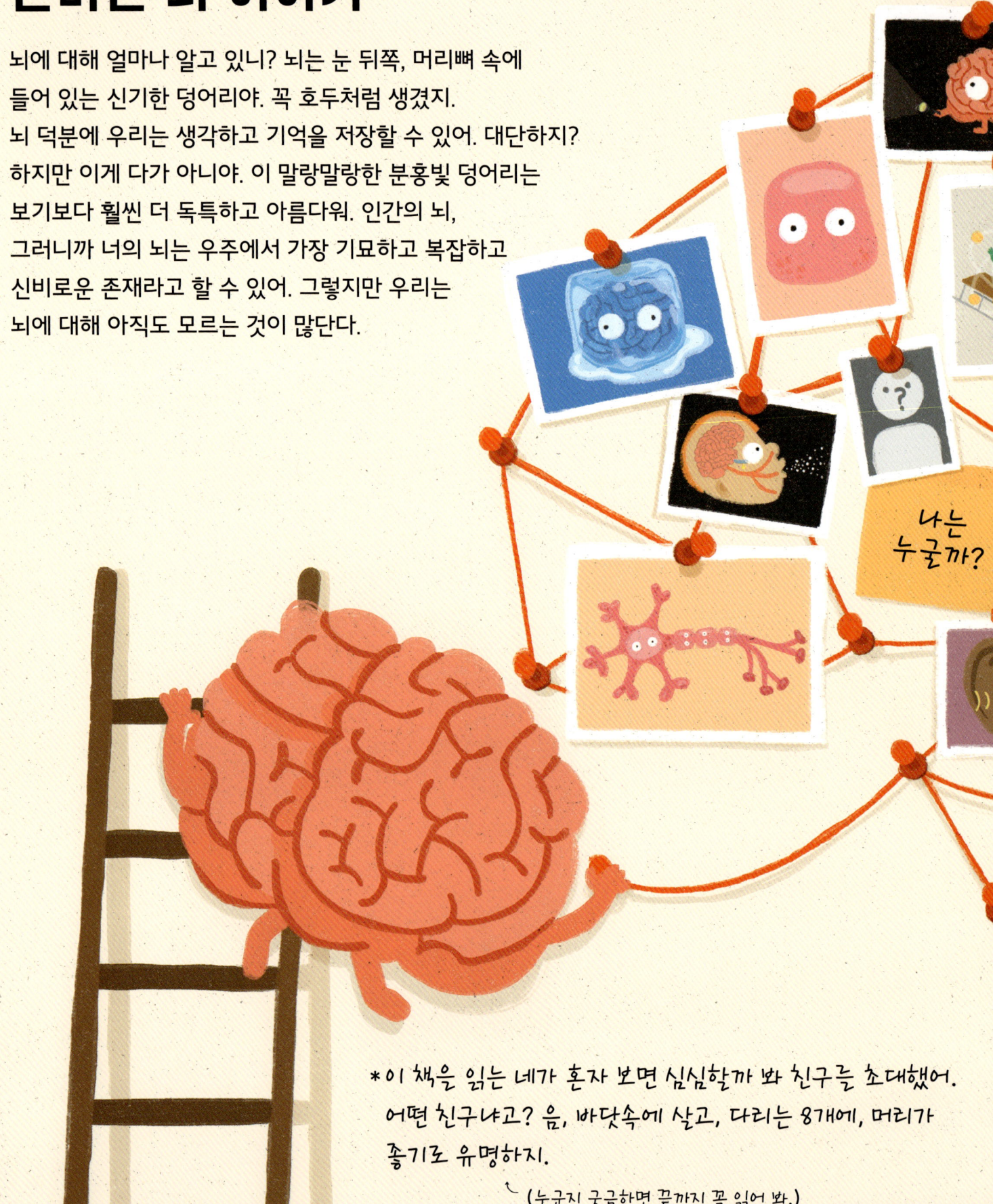

나는 누굴까?

*이 책을 읽는 네가 혼자 보면 심심할까 봐 친구를 초대했어.
어떤 친구냐고? 음, 바닷속에 살고, 다리는 8개에, 머리가
좋기로 유명하지.
(누군지 궁금하면 끝까지 꼭 읽어 봐.)

뇌 탐험 시작하기
뇌를 들여다보자!

이 글을 읽는 동안에도 뇌는 열심히 일하고 있어. 글자라는 이상한 기호들을 이해하려고
조용히 번역 중이야. 지금은 네 뇌를 생각하고 있을 거야. 뇌가 자기 자신에 대해 생각하는 셈이지!
만일 너와 나의 뇌가 비슷하다면, 지금쯤 너도 점심에 뭘 먹을지 고민하고 있겠지?
이제 뇌 속을 들여다보기 전에, 뇌를 둘러싼 재미난 사실을 몇 가지 알려 줄게.

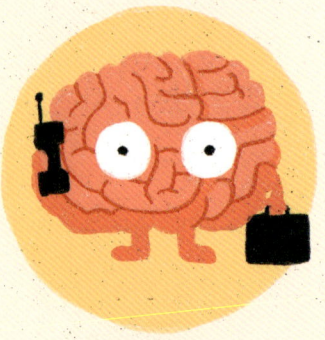

풀가동 중
인간이 뇌의 10%만 사용한다고 믿는 사람들이 많아. 하지만 그건 사실이 아니야! 우리는 뇌의 거의 모든 부분을 활용한단다. 다만, 각 영역이 어떤 역할을 하는지 정확히 모를 뿐이지. 진화하면서 우리가 사용하지 않는 부위는 꼬리처럼 점차 없어졌는데, 뇌는 여전히 남아 있잖아?

천천히 자라
우리 뇌는 아기일 때 가장 빨리 자라. 초등학교에 들어갈 무렵에는 거의 다 자라지. 하지만 뇌 속 신경 세포들이 서로 완전히 연결되려면 20대 중반이 되어야 해!

번개처럼 빠른 생각
뇌와 신경계의 신호는 아주 빠른 속도로 이동해. 경주용 자동차보다 빠르다니까! 17 곱하기 6의 정답도 이렇게 빨리 튀어나오면 참 좋겠는데…….

전구 하나만큼
뇌는 생각할 때 전구 하나를 밝힐 만큼의 에너지를 써. 생각을 많이 하면 배고파지는 이유를 알겠지?

에너지는 질량에 빛의 속도를 두 번 곱한 것과 같아.

작아진 뇌
우리 뇌는 마지막 빙하기 시대보다 더 작아졌어. 이건 뇌가 좀 더 효율적으로 변했다는 뜻일까? 아니면 우리가 예전보다 멍청해졌다는 뜻일까?

말랑말랑
뇌는 뼈도 근육도 없어서 부드럽고 말랑말랑해. 꼭 두부 한 모나 오래된 젤리 같지. 접시에 올려놓으면 해변에 밀려온 블롭피시(흐물흐물하게 생긴 심해 물고기)처럼 보일 수도 있어.

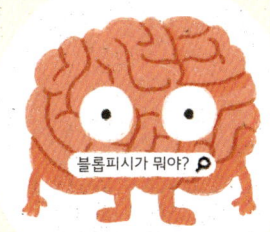

최고의 검색창
인간의 뇌는 현재 인터넷에 저장된 정보보다 더 많은 정보를 담을 수도 있대! 다음에 페루의 수도를 떠올릴 때, 이 점을 꼭 기억해 줘.

나랑 체스 한 판 할래?

무슨 생각해?
우리 뇌의 무게 중 약 4분의 3은 그냥 물이야. 나머지는 대부분 단백질과 지방으로 이루어졌지. (재미있는 사실 하나! 바나나도 약 4분의 3이 물이래!)

뇌 없이도 잘 사는 동물
대부분의 동물은 뇌가 있지만 불가사리처럼 뇌 없이 잘 살아가는 동물도 있어. 그렇다면 이런 궁금증이 생기지. 우리에게는 왜 뇌가 필요할까?

생각이 전부는 아니야
뇌는 어떻게 생겼지?

수학 문제를 풀 때만 뇌를 쓰는 건 아니야. 뇌는 훨씬 더 많은 일을 해내고 있어. 우리가 어떻게 생각하고 느끼고 배우고 행동하고 반응할지 매분 매초 결정을 내려. 잠을 잘 때조차도 말이야! 이 괴상한 모양의 덩어리는 우리의 지능을 총괄하는 사령관이자 성격을 결정하는 대통령, 감정을 일으키는 황제, 몸을 조종하는 대장이라고 할 수 있지. 뇌 덕분에 나는 다른 누구도 아닌 '나'일 수 있는 거야. 이제 뇌의 몇 가지 부분을 들여다보자.

옆에서 보면

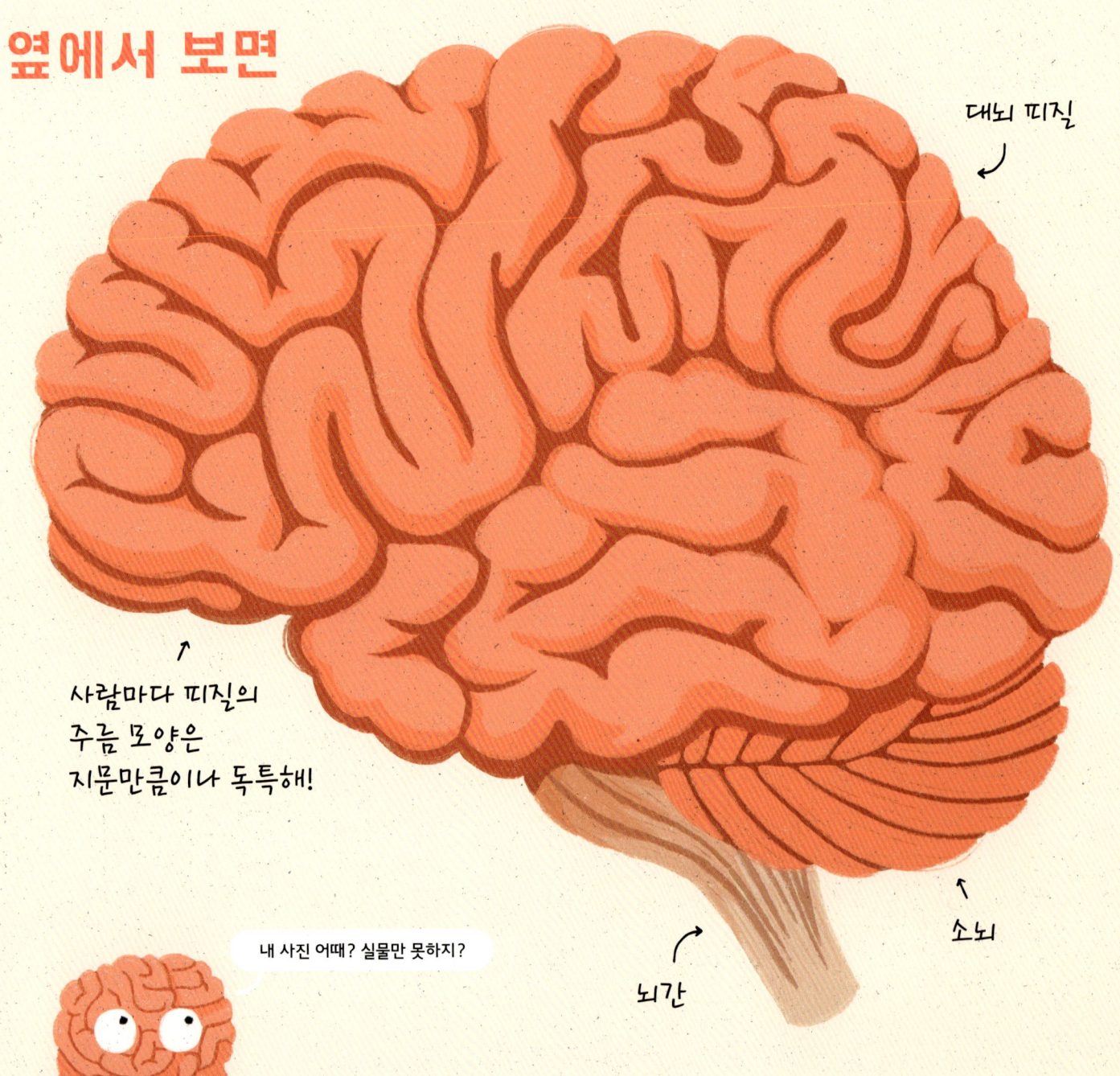

대뇌 피질

사람마다 피질의 주름 모양은 지문만큼이나 독특해!

내 사진 어때? 실물만 못하지?

뇌간

소뇌

앞에서 보면

대뇌 피질(좌반구)

대뇌 피질(우반구)

소뇌

뇌간

소뇌

안쪽을 보면

변연계
(알록달록한 여러 부위가
가운데에 모여 있어)

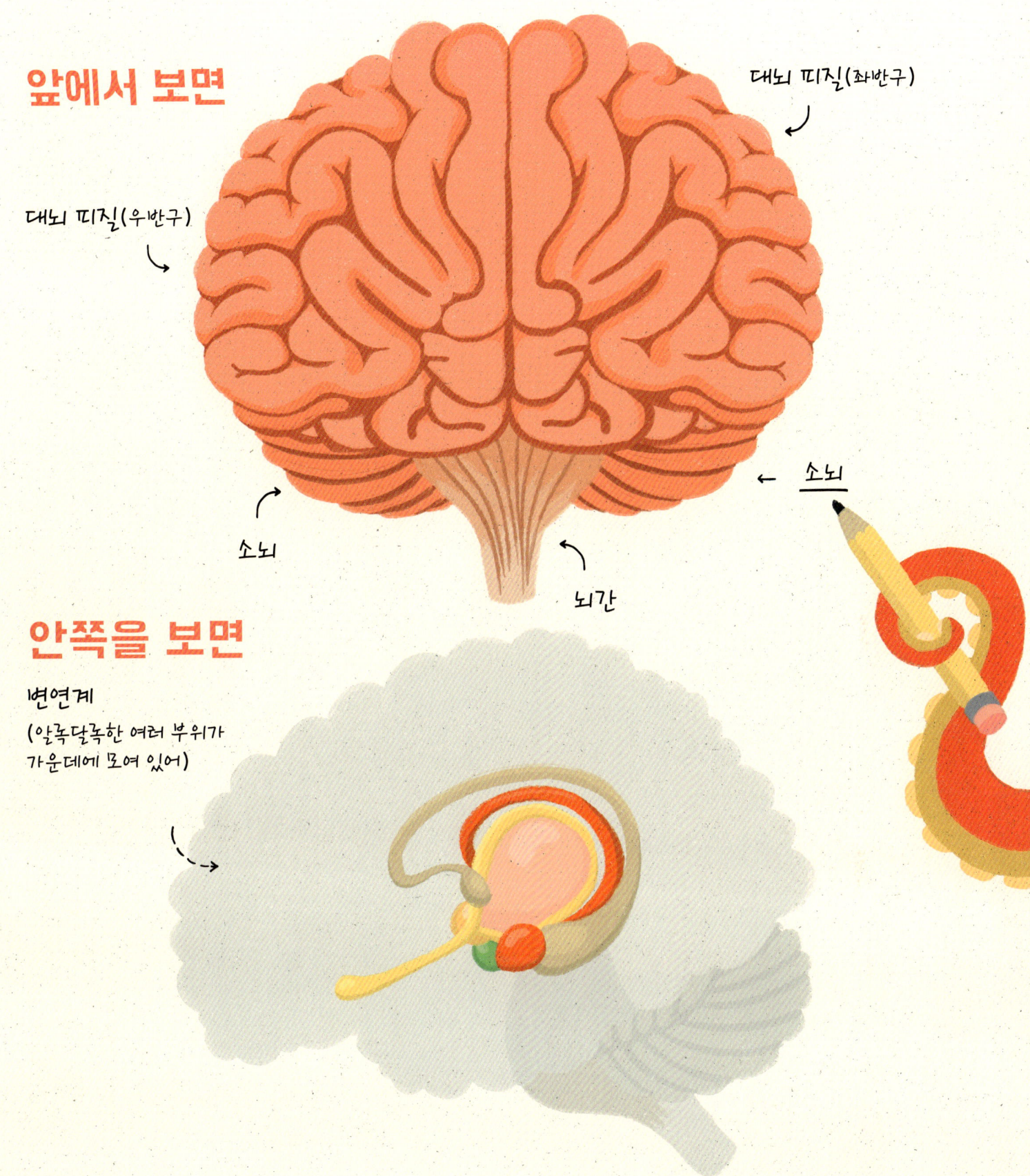

쉽게 이해할 수 있도록 그림을 단순하게 그렸어. 뇌에는 이 외에도 훨씬 더 많은 부분이 있지.
여기서 소개한 각각의 주요 부분은 자기만의 방식으로 우리를 돌봐 주고 있어.
이제 좀 더 자세히 들여다볼까?

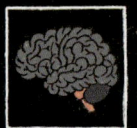
생각이 전부는 아니야
뇌간

뇌간은 울룩불룩한 아이스크림콘처럼 생겼어.
살아가는 데 꼭 필요한 기능들을 알아서 조절해 줘.
뇌간은 심장을 뛰게 하고 폐가 숨 쉬게 하지.
또 체온을 조절하고 소화를 돕고 침이 흐르게 하고……
그 외에도 아주 유용한 일을 많이 해내고 있어.
그래서 우리는 이런 걸 따로 신경 쓰지 않아도 되는 거야.

뇌의 나머지 부분으로 연결!

시상
(변연계의 일부)

← 뇌교

소뇌에 연결!

← 연수

척수 →

↓ 말초 신경계로 연결!

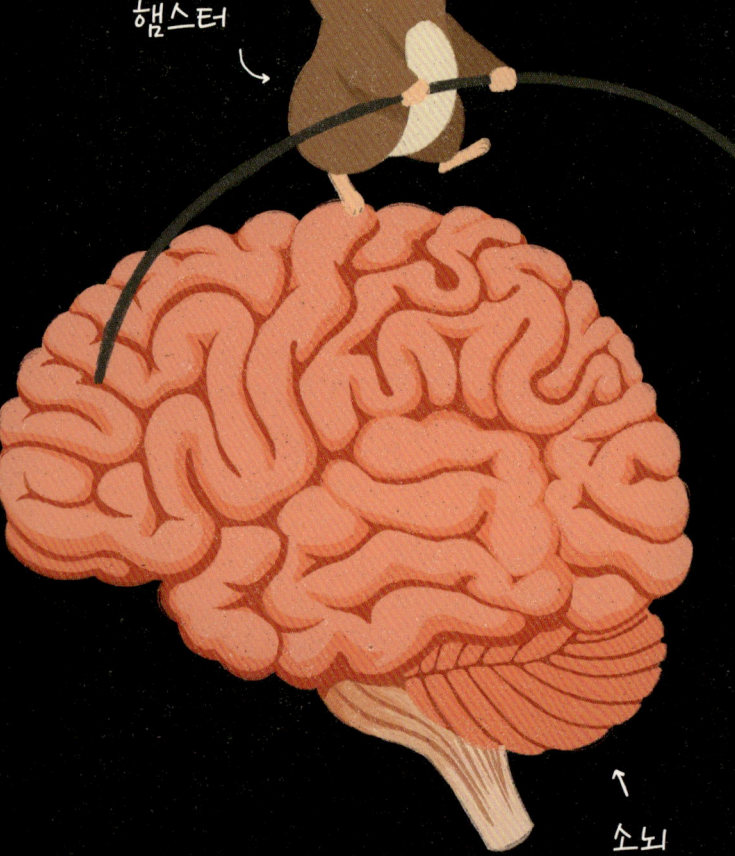

햄스터

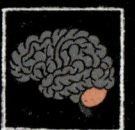
생각이 전부는 아니야
소뇌

다음에 네가 공을 차거나, 외줄을 타거나,
넘어지지 않고 앉을 수 있을 때는 소뇌에게
고마운 마음을 전해 봐. 몸을 잘 움직이게 하고
균형을 잡아 주는 게 바로 소뇌거든.
소뇌는 영어로 'cerebellum'이라고 하는데
라틴어로 '<u>작은 뇌</u>'라는 뜻이래.
어른의 소뇌는 햄스터 한 마리와 무게가 비슷해.

↑ 소뇌

네 편이 되어 줄게:
네 머릿속에서 햄스터가 묘기를 부리는 것 같다면 바로 <u>청소년 1388</u>로 전화해.
넌 혼자가 아니야!

생각이 전부는 아니야
변연계

변연계는 우리가 잘 살아가는 데 꼭 필요한 요소들이 모인 곳이야. 머핀 위 건포도처럼 뇌에 흩어져 있지. 변연계는 우리가 생존하도록 감정과 느낌을 관리하고 반응하고 기억하는 것뿐 아니라 수많은 일을 도와줘. 이제 변연계의 몇 가지 핵심 부분들을 알아보자.

흠, 건포도군.

해마
구구단을 외우거나 어젯밤 먹은 피자 종류를 기억할 수 있다면, 그건 해마 덕분이야. 해마는 장기 기억을 형성하는 데도 도움을 줘.

시상
시상이라는 작은 신경 덩어리는 감각 기관*에서 받은 모든 정보를 처리해. 또 시상은 수면, 기억 형성, 학습과도 관련이 있어.

* 감각 중에서 후각만 빼고. 후각은 해마와 편도체에서 처리하거든. 그래서 냄새는 기억과 감정을 쉽게 불러일으킬 수 있어.

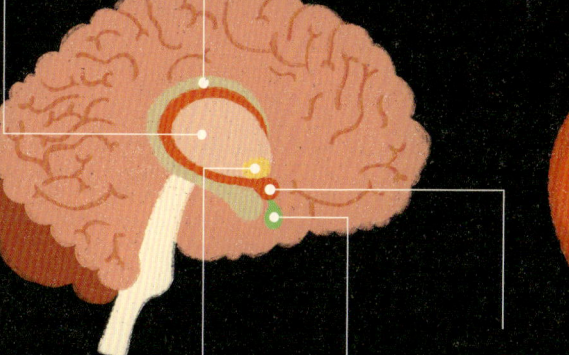

편도체
감정, 특히 분노와 두려움을 처리하는 역할을 맡고 있어. 이 작은 불안 덩어리는 항상 위험에 대비하고 있다가 위협을 느끼면 바로 활발하게 움직이지.

시상 하부
호흡, 심박, 체온 등 중요한 자율 기능을 조절하는 역할을 맡고 있어.

뇌하수체
호르몬이라는 화학 물질을 만들고 내보내서 우리 몸의 여러 기관이 균형을 잘 유지하도록 도와줘.

생각이 전부는 아니야
대뇌 피질 ← (대뇌, 신피질이라고도 해.)

우리가 말하고 생각하고 춤추고 웃는 모든 활동은 바로 이곳, 주름으로 채워진 2mm 두께의 '피질'에서 이뤄져. 피질 덕분에 우리는 보고 느끼고 만지는 모든 것을 이해할 수 있어. 또 피질은 감각 정보를 뇌와 신체의 다른 부분으로 전달해서 몸을 움직이고 소통할 수 있게 도와주지. 많은 역할을 담당하기 때문에, 4개의 '엽'에서 일을 나누어 맡고 있어.

두정엽
두정엽은 민감한 부분이야. 이곳에서는 온도, 통증, 촉각을 처리하고 있어. 또 글쓰기처럼 정교한 학습 활동을 도와주기도 해.

전두엽
수학 문제를 풀거나 수업에서 손들고 선생님께 답을 말하는 건 모두 전두엽에서 일어나는 일이야. 전두엽은 생각하고, 말하고, 움직이고, 예의를 지키려고 방귀를 참는 역할을 하지.

안녕, 엽친구들.

(두목엽)

모래알 크기의 피질 하나에 약 7,500대의 노트북 컴퓨터와 동일한 양의 정보가 담겨 있어!

후두엽
저건 새일까? 비행기일까? 샌드위치일까? 그걸 구분하는 게 후두엽이야. 후두엽은 우리가 눈으로 보는 선, 윤곽, 움직임, 색, 깊이 등의 모든 정보를 처리하지.

측두엽
우리가 친구와 가족에게 매일 자기소개를 다시 하지 않아도 되는 건 측두엽 덕분이야. 측두엽은 기억, 얼굴 인식, 청각을 처리하는 역할을 맡고 있어.

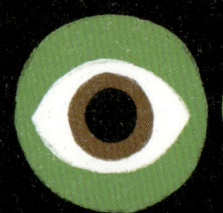     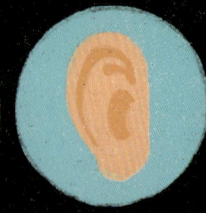

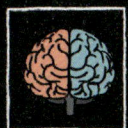

생각이 전부는 아니야
대뇌 반구

뇌는 좌반구와 우반구로 나누어져 있어. 신기하게도 각 반구는 몸의 반대쪽을 조절해. 그러니까 우리가 오른발로 공을 차면, 이건 왼쪽 반구에서 영향을 받은 거야. 각자 더 많이 활용하는 반구가 있긴 하지만, 코 파기부터 가방 싸기까지 대부분의 작업을 할 때 우리는 양쪽 뇌를 모두 사용해.

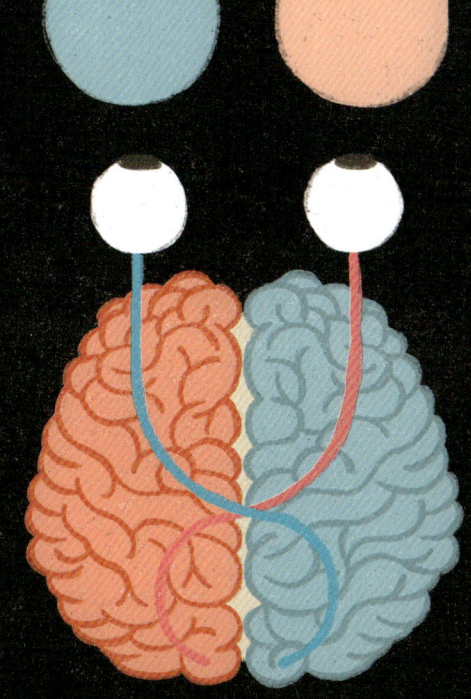

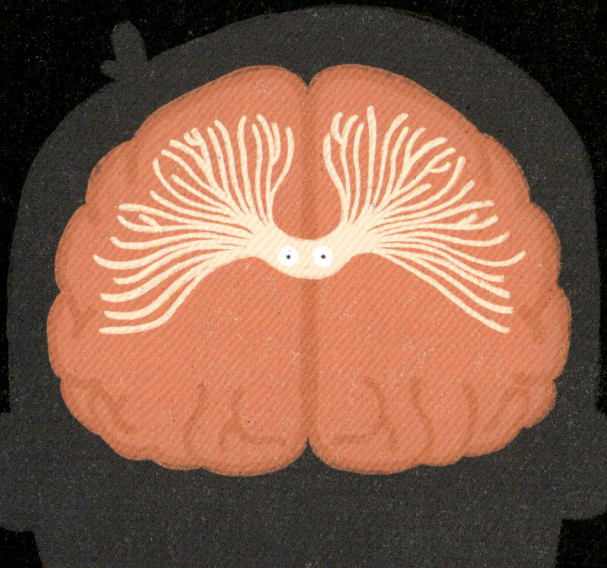

뇌량
좌반구와 우반구를 연결해서 자유롭게 소통할 수 있도록 도와주는 두꺼운 신경 섬유 다발이야. 뇌량이 양쪽 반구를 연결한 덕분에 우리는 하나의 통합된 자아를 느낄 수 있어. 만약 뇌량이 없다면, 뇌 안에 두 개의 '나'가 있는 것처럼 느껴질 거야.

분리 뇌 이론
1950년대부터 1960년대까지 신경 과학자 로저 스페리는 좌반구와 우반구를 분리하면 어떤 일이 일어나는지 연구했어. 고양이와 원숭이를 대상으로 뇌량을 잘라내는 실험을 했더니 절반의 시간 동안 두 배나 많은 정보를 학습하고 기억할 수 있다는 것을 알게 되었지.
이는 각 반구가 독립적인 뇌처럼 행동했기 때문이야.

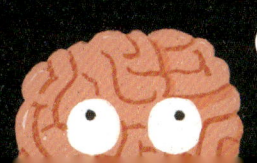

신경계
뇌는 무엇으로 이루어졌을까?

성인의 뇌 무게는 약 1.4kg 정도야. 사과 14개의 무게와 비슷하지. 모든 생물과 마찬가지로 뇌 역시 세포로 이루어졌어. 뇌세포는 두 종류가 있는데 바로 뉴런과 신경 아교 세포야. 뉴런은 뇌와 몸에 정보를 전달해. 신경 아교 세포는 뉴런이 제 역할을 하도록 돕지.

뉴런

뉴런은 전기, 화학 신호를 사용하여 뇌에서 몸의 나머지 부분으로, 다시 몸에서 뇌로 메시지를 전달해. 뉴런은 여러 종류가 있는데 보통 아주 작은 나무 모양으로 생겼어.

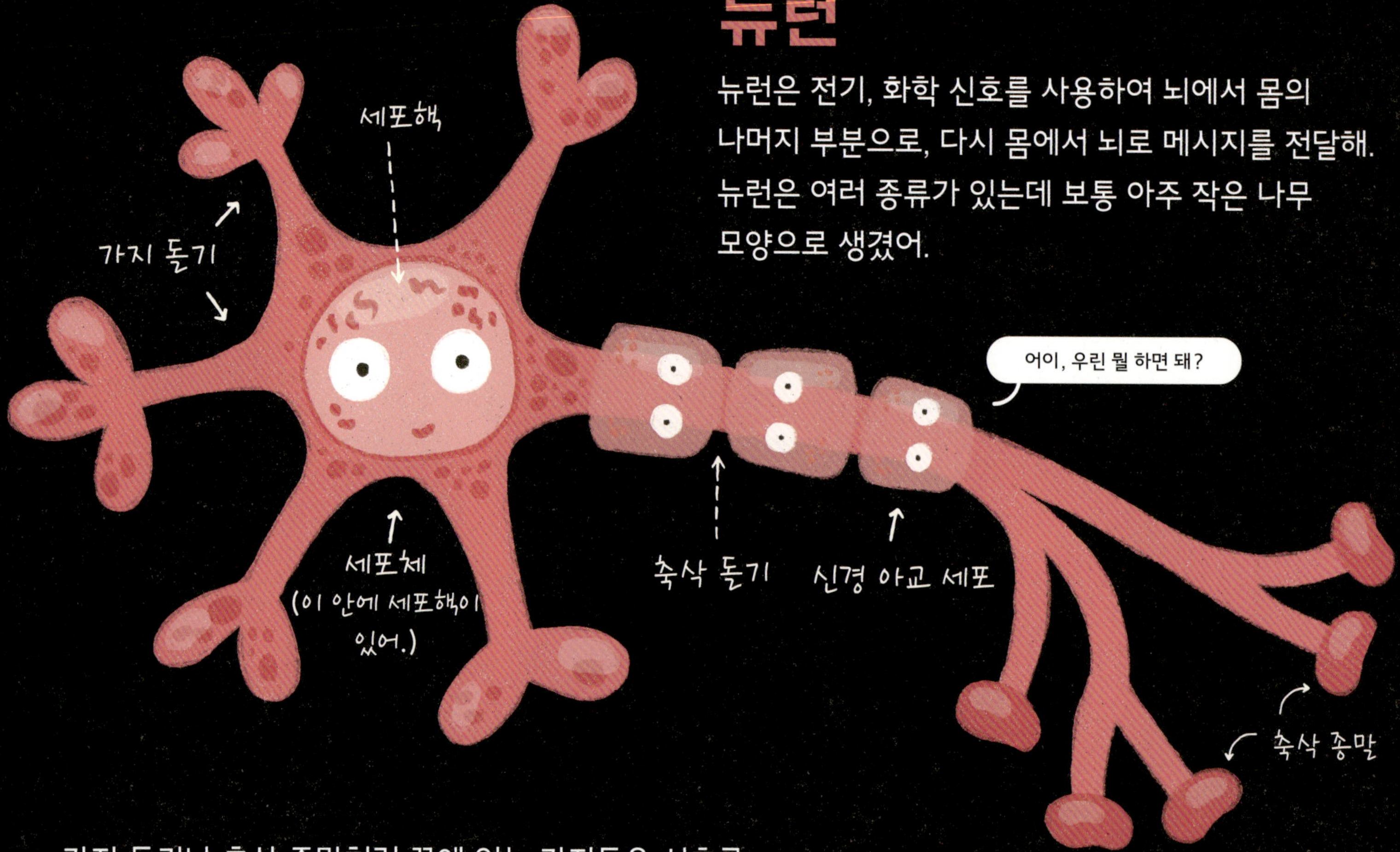

- 세포핵
- 가지 돌기
- 세포체 (이 안에 세포핵이 있어.)
- 축삭 돌기
- 신경 아교 세포
- 축삭 종말

"어이, 우린 뭘 하면 돼?"

가지 돌기나 축삭 종말처럼 끝에 있는 가지들은 신호를 주고받고, 축삭 돌기는 그 신호를 전달해. 뉴런의 생김새는 나무와 비슷하지만 크기는 무척 작아. 모래알 크기의 피질 하나에 약 10만 개의 뉴런이 들어 있어.

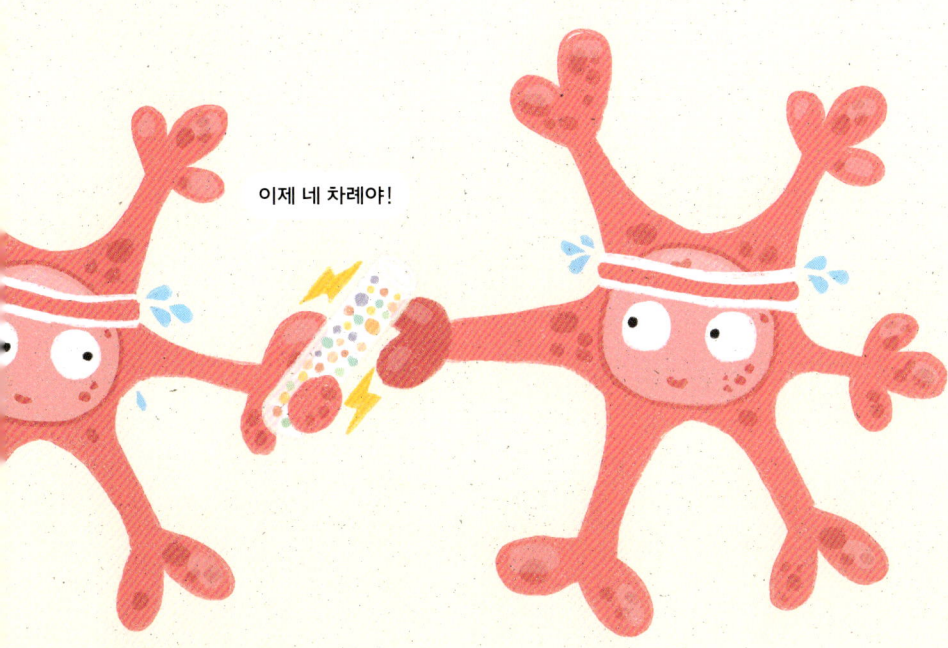

뉴런은 막대기를 건네 정보를 전달하는 이어달리기 선수 같아. 정보를 전달할 때 작은 전기 폭발이 일어나는데 이를 활동 전위 또는 동작 전위라고 불러.

시냅스

뉴런 사이의 연결을 시냅스라고 해. 우리가 움직이고 생각하고 기억하고 사랑하고 웃을 수 있는 건 뉴런 자체가 아닌 수조 개나 되는 시냅스의 연결 덕분이야. 각각의 시냅스는 아주 작은 틈이야. 이어달리기 선수들은 이 틈을 건너 메시지를 전달해야 하지. 이때 신경 전달 물질이라고 하는 화학 물질과 미세한 전기 신호가 도움을 줘. 이 모든 일이 바로 이 순간에도 우리의 뇌에서 일어나고 있어!

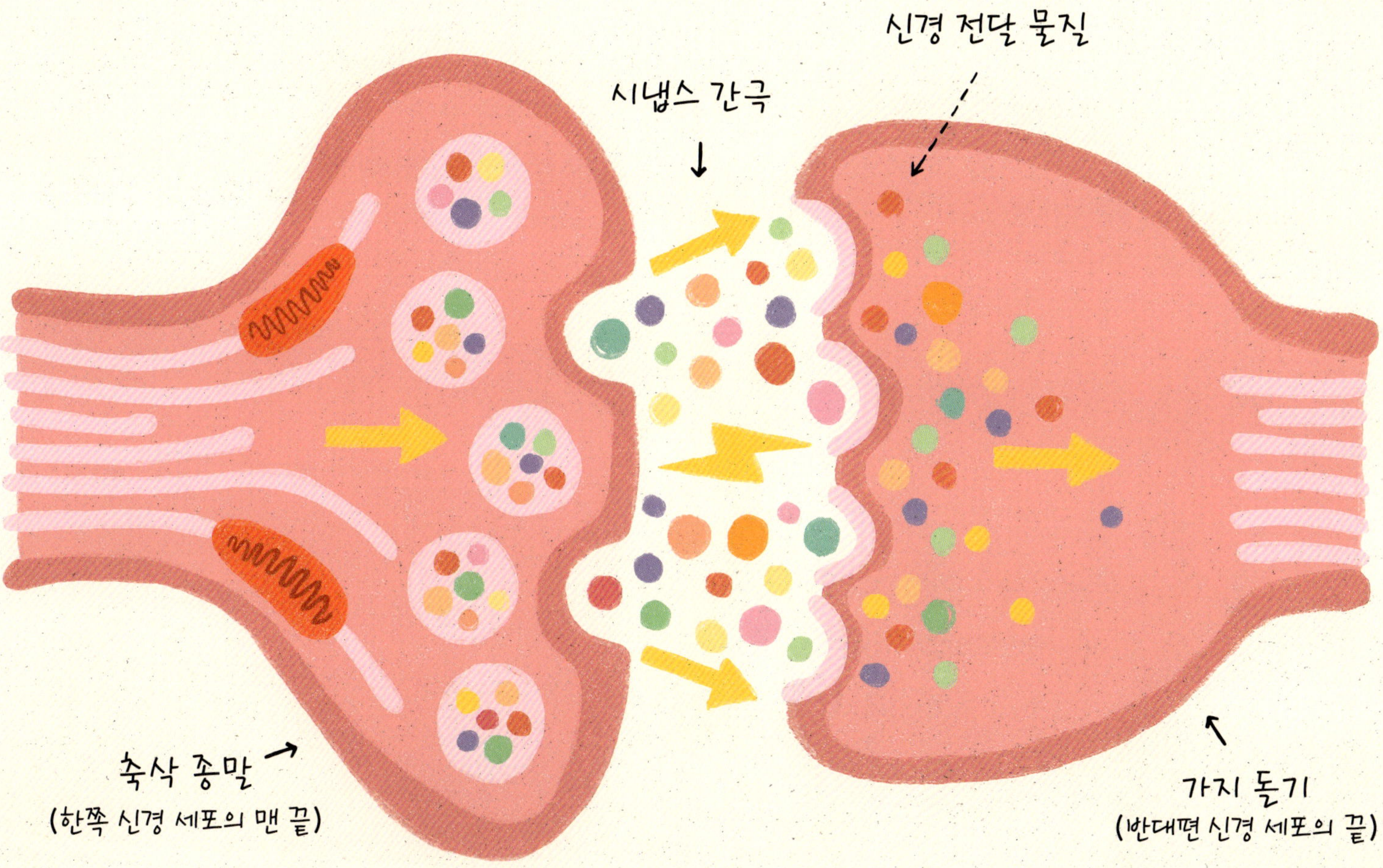

신경 전달 물질

시냅스 간극

축삭 종말
(한쪽 신경 세포의 맨 끝)

가지 돌기
(반대편 신경 세포의 끝)

뉴런의 이어달리기 경주는 <u>신경 전달 물질</u>이 원하는 목적지에 도달할 때까지 계속 이어져. 신경 전달 물질이 도착하면 반응이 일어나. 예를 들면 근육을 움직여서 다른 사람에게 손을 흔들 수 있게 되지.

뇌 활동으로 생기는 전류를 뇌파라고 불러.

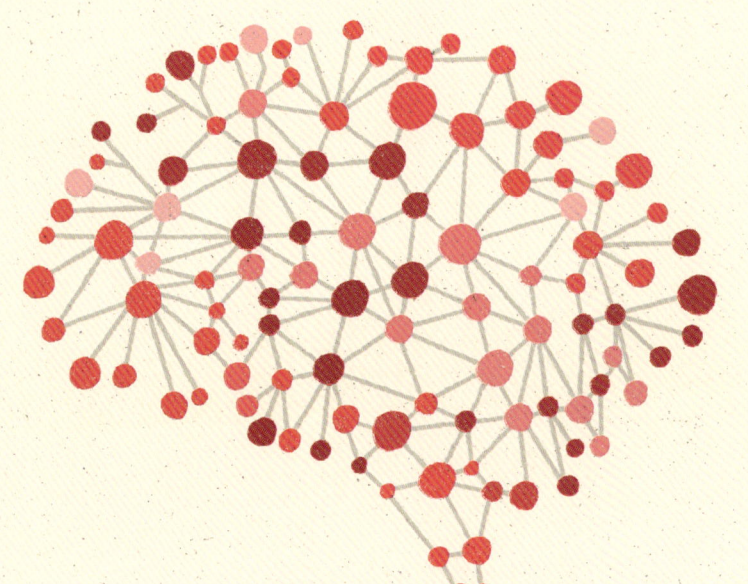

우리 뇌에는 약 860억 개의 뉴런이 있는데 주변에 있는 다른 수천 개의 뉴런과 각각 연결되어 있어. 전기 신호는 이러한 신경망을 통해 엄청난 속도로 자유롭게 흐르지. 뉴런은 뇌와 몸의 거의 모든 부분을 오가며 메시지를 전달해.

신경 아교 세포

나도 중요한 존재라고!

신경 아교 세포는 뇌에서 지원 역할을 하는 지방 세포들의 집합이야. 뉴런이 원활하게 작동하도록 도와주고, 손상되지 않도록 보호하는 역할을 해. 신경 아교 세포에는 여러 종류가 있지만, 화려한 역할이 아니다 보니 그다지 주목받지는 못하고 있어. 뇌가 사랑스러운 분홍빛을 띠는 건 다 지방으로 이루어진 신경 아교 세포 덕분이야.

신경계
신경 다발

특수한 뉴런들이 서로 연결되어 뇌와 몸을 이어 주는 초고속 통신망을 만드는데, 이것을 신경계라고 불러. 다양한 종류의 신경 다발이 신경계를 구성하는데 두 가지 주요 부분으로 나뉘어.

중추 신경계

중추 신경계는 뇌와 척수(척추 안에 있는 두꺼운 신경 다발)로 이루어졌어.

말초 신경계

말초 신경계는 뇌와 척수를 몸 구석구석과 연결해 줘.

우리 뇌는 종종 신경계를 통해 몸에 지시를 내려. (예. "고양이를 쓰다듬어 봐.")
또 반대로 몸이 뇌로 정보를 보내기도 해. (예. "아야, 저 고양이가 내 신경을 건드렸어!")
신경계 끝부분에는 여러 종류의 감각 수용체가 있어. 다음 장에서 만나 볼까?

신경계

감각과 관련된 부위

우리는 모두 여러 가지 감각을 가지고 있어. 대부분 촉각, 미각, 청각, 시각, 후각이 조화를 이루고 있지. 이 놀라운 감각들 덕분에 우리는 주변을 이해하고 세상과 소통할 수 있어.

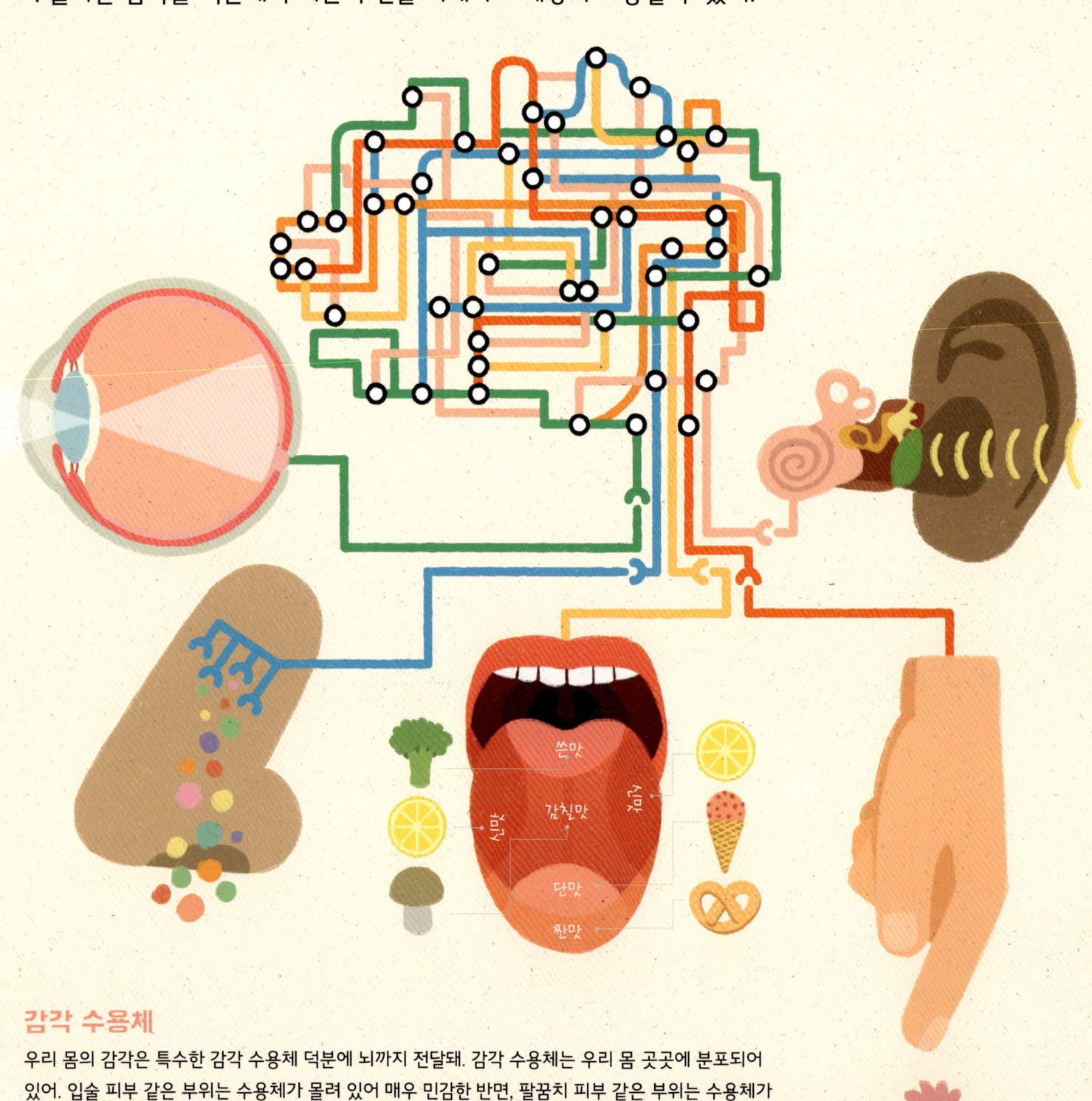

감각 수용체

우리 몸의 감각은 특수한 감각 수용체 덕분에 뇌까지 전달돼. 감각 수용체는 우리 몸 곳곳에 분포되어 있어. 입술 피부 같은 부위는 수용체가 몰려 있어 매우 민감한 반면, 팔꿈치 피부 같은 부위는 수용체가 훨씬 적어 덜 민감하지. 수용체들은 신경계의 특수한 뉴런을 통해 뇌와 연결되어 있어. 뇌가 신경을 따라 전달된 감각 신호를 해석해 주면, 우리는 어떻게 반응할지 결정할 수 있어.

무감각한 뇌

뇌 자체에는 감각 수용체가 없어서 통증을 느낄 수 없어. 뇌는 완전한 어둠 속에 갇힌 채 오직 전기 신호들을 통해 세상을 인식해. 우리가 알고 있는 모든 것은 이렇게 보이지 않는 신호들로부터 뇌가 만들어 낸 거야. 색깔, 냄새, '나'라는 존재에 대한 인식조차도 그저 지각일 뿐이지. 이 모든 것이 두개골 속 뇌에서 동시에 일어나는 수많은 과정의 결과라고 할 수 있어.

꽁꽁 얼겠어!

아이스크림을 빨리 먹어 본 적 있니? 이마가 얼어붙을 것처럼 고통스러울 때가 있지? 그건 몸이 차가워진 부분을 빨리 데우려고 하기 때문이야. 뇌가 차가워진 입속 혈관에 즉시 신호를 보내면 혈관들은 더 많은 혈액을 받아서 따뜻해지려고 순식간에 확장돼. 그 바람에 혈액을 빼앗긴 주변 혈관들이 수축하면서 통증 신호가 다시 뇌로 전달되는 거야. 아야!

에취!

태양을 보면 재채기하는 사람이 전체 인구의 15~30% 정도 된대. 정확한 이유는 아직 밝혀지지 않았지만 가장 유력한 이론은 있어. 시신경이 동공을 수축시키기 위해 뇌로 재빨리 신호를 보내. 이 강한 신호가 근처의 다른 신경(주로 얼굴의 통증, 촉각, 온도 감각을 담당하는 3차 신경)에서도 감지되는 거지. 뇌가 이 신호를 코에 들어온 자극으로 잘못 해석하면서 몸이 반응하게 되는 거야. 에취!

일하는 뇌
우리는 어떻게 새로운 것을 배울까?

우리가 무언가를 새롭게 배울 때, '새로운' 메시지는 한 뉴런에서 다른 뉴런으로 전달되며 새로운 길을 내. 마음은 눈 덮인 언덕이고 생각은 썰매라고 상상해 봐. 우리가 같은 것을 반복해서 생각하거나 연습하면, 메시지는 같은 경로를 따라 이동하면서 점점 더 깊고 매끄러운 길을 만들어. 마찬가지로, 우리 뇌도 같은 길을 반복해서 사용할수록 뉴런 간의 연결이 더 강하고 매끄러워지지.

연습하면 나아져
이 말은 감정에도 똑같이 적용돼. 꼭 용감한 기분이 들어야만 용감한 생각을 할 수 있는 건 아니야. 오히려 "나는 할 수 있어!"나 "다 괜찮을 거야!" 같은 용감하고 긍정적인 생각을 많이 하면 할수록, 그런 감정을 느끼는 길이 점점 더 뚜렷해지고, 결국 더 자주 그런 기분을 느끼게 될 거야.

일하는 뇌
생각에 대해 생각하기

이런 말이 있어. "우리가 이해할 수 있을 만큼 인간의 뇌가 단순하다면, 우리는 뇌를 이해할 수 없을 만큼 단순해질 것이다." 우리가 생각할 수 있다는 사실은 인간의 뇌, 나아가 전 우주를 통틀어 가장 큰 수수께끼 중 하나야!

우리는 각자 자신을 인식하고 있어. 하지만 뇌를 구성하는 원자 덩어리에서 어떻게 자신만의 독특한 생각과 경험이 비롯되는지는 알 수 없어. 이것이 어디에서 왔든, 우리가 가진 의식과 뇌 덕분에 우리는 삶의 모든 놀라움과 아름다움을 누리며 살아가는 거야.

위대한 마술사

우리가 보고 듣고 맛보고 냄새 맡고 느끼는 모든 것은 실제 세계 그대로가 아니야. 이 모든 감각은 뇌가 '우리'에게 해석해 주는 거야. 사과를 예로 들어 보면 '빨간색' 원자나 분자는 존재하지 않아. 눈의 감각 수용체에서 받은 신호를 신경계로 전달해서 우리의 뇌가 사과를 빨갛다고 인식하게 만드는 거지.

일하는 뇌

기억아, 고마워.

기억이 없다면 새로운 것을 배울 수도, 제일 좋아하는 노래를 따라 부를 수도, 집에 가는 길을 찾을 수도, 심지어 가족과 친구를 알아볼 수도 없을 거야. 다행히 우리 뇌는 초대형 저장 장치와 같아서, 수조 개의 기억을 저장할 수 있지.

기억 처리 과정

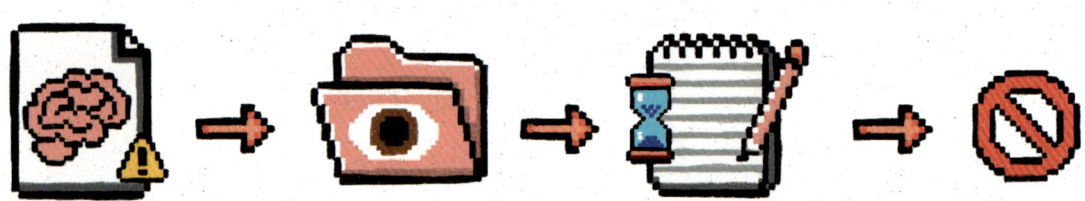

사건 발생!
감각 수용체를 통해 우리의 경험이 뇌로 전달돼.

감각 기억
기억은 이곳에 아주 잠깐 머무르지.

단기/작업 기억
대부분의 기억은 단기 기억에 1분도 채 머물지 않아.

앗! 기억 삭제
단기 기억이 더 이상 쓸모가 없다면, 이 기억은 영원히 지워져.

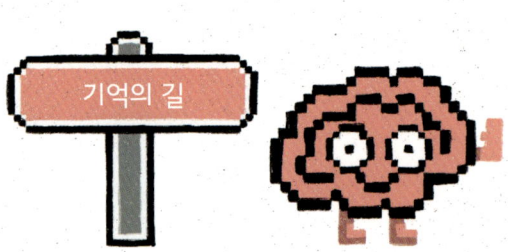

장기 기억
단기 기억이 잊히지 않으면 이곳에 와서 오랫동안 저장되지. 장기 기억에는 여러 가지가 있어.

의미 기억
사실, 단어, 개념.

일화 기억
경험과 사건.

명시적 기억
명시적 기억은 의식적으로 떠올려야 해서, 마치 마음속에서 정보를 '찾는' 것처럼 느껴져.

암묵적 기억
암묵적 기억은 무의식적으로 떠올라서, 자연스럽게 '찾아낼' 수 있어.

절차 기억
자전거 타기, 피아노 연주, 걷기 같은 기술과 과제에 관한 기억.

기억은 어디에 저장될까?

기억은 변하기 쉽고, 시간이 지나면서 뇌에서 저장되는 위치가 바뀔 수도 있어! 우리의 오랜 친구 해마가 장기 기억을 저장하는 데 큰 역할을 하지만 뇌의 다른 여러 부분도 기억 형성에 중요한 역할을 해.

전두엽(대뇌 피질)

대뇌 피질은 단기 작업 기억을 처리하고 저장해. 이 기억은 보통 1분 미만 동안 유지돼.

편도체

기억을 감정과 연결해서 더 오래 기억할 수 있게 도와 줘.

기저핵

자전거 타기, 수영, 악기 연주 등 절차 기억을 저장해.

해마

단기 기억을 장기 기억으로 바꾸고 저장하는 일을 주로 맡고 있어.

뇌의 기억 용량이 부족해질 수도 있을까?

신경 과학자들은 뇌의 저장 용량을 약 250만 기가바이트 정도로 추정하고 있어. 그건 엄마가 너를 3억 시간 동안 영상으로 녹화하는 것과 같은 양이야. 그러려면 24시간을 하루도 빠짐없이 300년 동안 계속 녹화해야 하거든. 그러니 뇌의 기억 용량이 부족해질 일은 없어. 아무 걱정 하지 마!

일하는 뇌
감정 느끼기

감정은 주변에서 일어나는 일들에 대한 뇌의 즉각적인 반응이야. 변연계에서 발생하고, 행동의 변화를 불러일으키지. 또 감정은 우리가 이런 것들에 대해 어떻게 느끼는지를 보여 줘. 예를 들면……

2만 원을 찾았을 때   놀이 기구를 탈 때   간식 통이 텅 비었을 때

2만 원이 생기면 뭘 할래? 무서운 롤러코스터에 올라탈 거니? 몰래 숨겨둔 간식을 말썽쟁이 동생이 다 먹어 버리면 울 거야? 소리칠 거야? 아니면 발을 구를 거야? 과학자들에 따르면 감정에는 기쁨, 두려움, 슬픔, 분노 이렇게 네 가지 기본 감정이 있대. 다른 모든 감정은 이 네 가지 감정이 섞여서 만들어지는 거지.

맞설래? 도망칠래?

두려움을 느끼고 싶은 사람은 없겠지만, 두려움은 매우 중요한 감정이야. 두려움 덕분에 우리는 위험한 상황에 적절하게 반응할 수 있거든. 우리가 위협을 감지하면 편도체와 시상 하부가 즉각적으로 반응을 보여.

편도체 살려!

기쁨  불쾌함  슬픔  지옥에나 가!(경멸)

화장실이 급함  놀람  화남  뿌듯함

표정으로 전달하는 감정

뇌가 처리하는 감정은 표정으로 드러나서 다른 사람에게 단서를 전달해. 표정은 세계 공통어야. 말이 통하지 않아도 호주, 앙골라, 아르헨티나 등 어디서든 미소를 짓는 건 행복하다는 뜻이지.

당황  비통  브로콜리, 웩!  궁금함

걱정  질투  간식 도둑 사건 해결  두려움

일하는 뇌
그런 생각은 하지도 마!

이 장을 읽는 동안, 우리 심장은 약 70번 정도 뛰게 될 거야. 20번 숨을 들이쉬고 20번 눈을 깜빡이겠지. 이건 우리 몸에서 일어나는 일의 시작에 불과해! 만약 모든 심장 박동마다 '심장아, 뛰어라!'라고 생각하지 않으면 심장이 멈춘다고 상상해 보자. 어떨 것 같아?

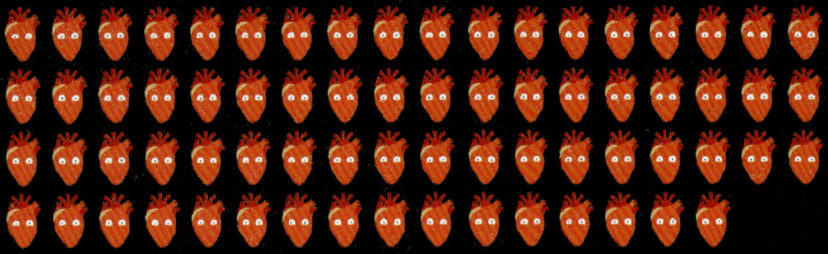

췌장아, 일을 시작해!

만약, 음식을 먹을 때마다 소화하는 걸 생각해야 한다면 어떻게 될까? 그러지 않으면 음식이 그대로 남아 있다면 말이야. 뇌가 생명 유지에 필요한 모든 일을 의식적으로 하나하나 생각해야 한다면, 우리는 자동차나 비디오 게임, 읽을 책도 만들지 못했을 거야. 아마 잠도 잘 수 없었겠지! 심장을 뛰게 하고 아침밥을 소화시키는 데만 집중하느라 하루가 다 갔을 테니까 말이야.

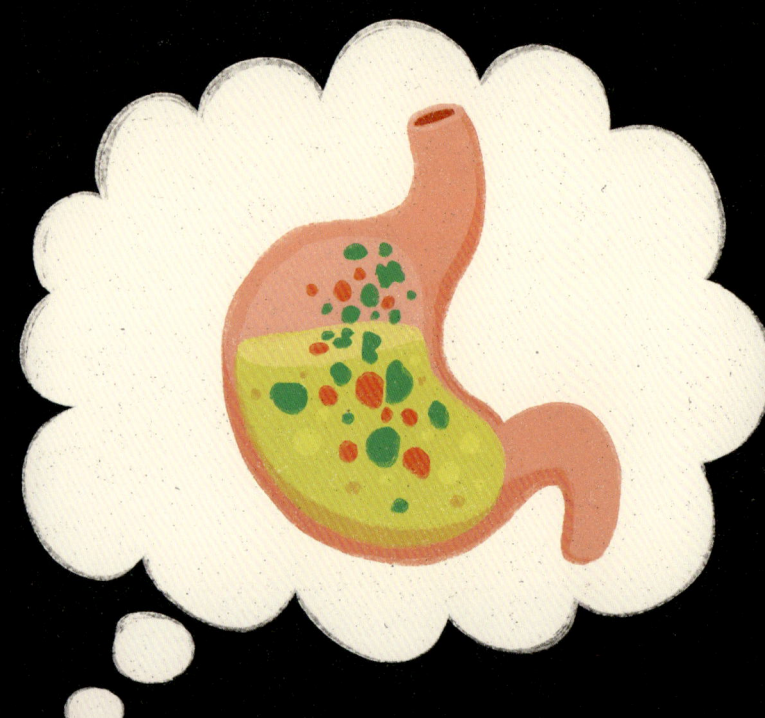

뇌간아, 고마워.

뇌간은 이러한 무의식적인 행동에 대한 지시를 해당 신체 부위로 바로 전달해 줘. 덕분에 열심히 일하는 뇌의 나머지 부분이 잠시 쉴 수 있지.

쉬는 뇌
5분만 쉬자.

뇌는 우리가 잠든 사이에도 바빠. 운동 후에는 근육도 휴식하고 회복하는 시간이 필요한 것처럼 뇌도 매일 휴식을 취하고 재충전할 시간이 필요한데 말이야······.

놀이, 취미 활동, 명상, 달콤한 낮잠, 아니면 심심할 정도로 지루한 시간 속에서 뇌는 휴식을 취해. 이렇게 약간 쉬고 났을 때 머리가 잘 돌아가지.
다행히 우리 뇌는 우리가 일부러 시간을 내든 아니든 날마다 일정 시간을 쉴 수 있도록 진화해 왔어. 그건 바로 잠을 자는 거야.

쉬는 뇌
잠자는 뇌

잠을 자는 동안 우리는 온갖 희한한 꿈을 꿔. 가끔은 진짜 이상한 꿈도 꾸지. 하지만 과학자들도 여전히 우리가 잠을 자는 이유를 완전히 파악하지는 못했어. 한 가지 확실한 건, 잠을 자야 뇌가 더 행복하고 건강해진다는 사실이야. 잠자는 동안 뇌는 잠시 쉬면서 우리가 깨어 있을 때는 하지 못하는 일들을 할 수 있어.

기억 만들기

잠을 잘 때 기억이 만들어지고 쓸모없는 것들은 지워져. 우리가 자는 동안 해마는 최근의 사건들을 압축하고 반복적으로 재생한 뒤, 저장하고 기억해야 할 최신 정보만 대뇌 피질로 보내. 원치 않는 기억들도 이때 사라지는 거야. 이런 과정은 오직 잠을 자는 동안에만 일어난단다.

꿈은 왜 꿀까?

신경 과학자들과 많은 연구자는 '한밤중에 벌어지는 이상하고 놀라운 환상'의 목적을 설명하기 위해 여러 이론을 제시했어. 꿈을 꾸는 이유는 뇌가 기억을 만들거나 원치 않는 기억을 정리하는 일과 관련이 있을 수도 있어. 하지만 아직 정확한 답은 알지 못해.

잠자는 동안에는 꼼짝 마!

꿈속에서는 걸어 다니는 맛있는 도넛을 쫓아다니는데 왜 실제로는 방 안을 뛰어다니지 않을까? 꿈을 꾸는 동안 뇌는 근육과 연결을 끊어서 꿈을 실제 행동으로 옮기지 못하게 해. 덕분에 침대 끝에서 도넛처럼 몸을 둥글게 말고 잠든 고양이가 무사한 거야.

수면 주기

자는 동안 우리는 보통 4~6개의 수면 주기를 거쳐. 각 수면 주기마다, 잠들기부터 꿈꾸기에 이르는 4가지 수면 단계를 거치지. 때로는 수면 주기 사이에 깨어나기도 해. 푹 잠든다면 대개 아침이 되어 일어나지.

수면 단계 1: 잠들기

- 깨어 있다가 잠이 드는 사이의 짧은 시간
- 눈을 감음
- 근육이 긴장을 품

수면 단계 4: 렘(급속 안구 운동) 수면

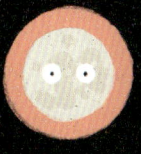  

- 눈이 빠르게 움직임
- 몸이 움직이지 않음
- 뇌 활동이 활발해짐
- 꿈을 꿈

수면 단계 3: 깊은 잠

 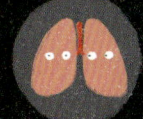 

- 혈압이 내려감
- 호흡이 느려짐
- 근육이 완전히 이완됨
- 코를 골 수도 있음

수면 단계 2: 얕은 잠

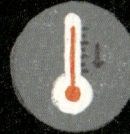  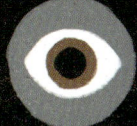

- 체온이 내려감
- 심장 박동이 느려짐
- 이 단계에서는 쉽게 잠이 깸

이토록 놀라운 뇌
뇌 사용 설명서

이 책을 읽는 우리는 인간의 뇌를 가진 놀라운 행운의 주인공이야. 뇌는 우리가 아는 가장 놀랍고 신비한 존재니까. 뇌에 대해서는 밝혀질 것이 더 많지만, 한 가지 확실한 사실은 우리 모두 뇌를 하나씩만 갖고 있다는 거지! 뇌 이식은 아직 가능하지 않거든. 그러니 이 훌륭한 뇌를 최선을 다해 돌보는 일은 아주 중요해.

☑ **충분히 자기**

하루에 8~12시간은 자는 게 좋아. 그래야 뇌가 재충전하고, 기억을 만들고, 하루 동안 배운 것을 다지는 데 충분한 시간을 들일 수 있어.

☑ **감정을 나누기**

슬프거나 긴장하거나 불안한 감정이 들면, 뇌는 제대로 일할 수가 없어. 도움이 될 만한 해결책을 찾고 기분이 좋아지려면, 우선 친구나 믿음직한 어른에게 털어놓는 게 중요해.

☑ **달리고 뛰어놀기**

심장이 빠르게 뛰면 뇌에 더 많은 혈액을 보내 줘. 규칙적인 운동은 뇌를 보다 균형 있고 건강하고 행복하게 만들 수 있어.

☑ **뇌 건강에 좋은 음식 먹기**

일반적으로 음식을 골고루 먹으면 건강한 뇌를 유지할 수 있어. 그중에서도 생선, 달걀, 견과류, 씨앗류, 통곡물 그리고 잎채소는 뇌 건강에 큰 도움이 되는 음식이야.

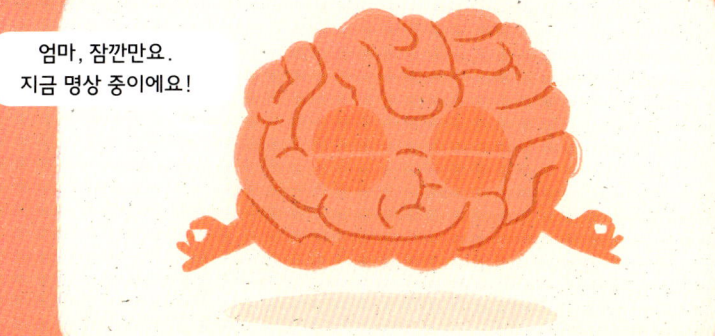

엄마, 잠깐만요.
지금 명상 중이에요!

☑ **명상하기**

명상을 연습하면 바쁜 마음을 진정시키고 스트레스와 불안이 가져오는 부정적인 영향을 줄일 수 있어. 또 방 청소를 미룰 수 있는 그럴듯한 변명이 되기도 하지.

☑ **친구와 만나기**

뇌는 다른 뇌와 함께 어울려 소통하는 것을 좋아해. 친구들과 재미있게 놀면 뇌는 자극을 받고, 기억을 쌓고, 이 과정에서 새로운 아이디어와 기술을 익힐 수 있어.

☑ **헬멧 쓰기!**

뇌가 얼마나 중요한지 이제 잘 알았지? 그러니까 뇌를 꼭 보호해 줘. 스케이트보드나 자전거, 스쿠터를 타는 것처럼 위험한 활동을 할 때는 반드시 헬멧을 착용해야 해.

☑ **바깥 활동하기**

우리 뇌와 몸은 자연 속에서 살아가도록 진화해 왔어. 그래서 많은 사람들이 자연에서 시간을 보낼 때 큰 기쁨과 만족감을 느끼지.

☑ **호기심 유지하기**

질문하기, 새로운 일에 도전하기, 게임하기, 퍼즐 풀기. 이런 활동은 우리 뇌를 단련하고 연결을 강화하며 새로운 신경 경로를 자극하는 데 도움이 돼.

☑ **즐거운 시간 누리기**

바쁜 뇌가 쉬려면 좋아하는 걸 하는 시간이 꼭 필요해. 사랑하는 사람들과 시간을 보내거나 즐거운 활동을 해 보는 거야. 뇌가 엄청나게 고마워할걸!

이토록 놀라운 뇌

저마다 다른 80억 개의 뇌

세상에 '평범한' 뇌는 없어. 지구상에는 80억 개의 뇌가 존재하지. 하나하나 완전히, 철저히, 놀랍도록 독특한 특성을 갖고 있어. 일란성 쌍둥이조차도 뇌는 다르다고!
물론 비슷한 행동이나 도전을 하고 특정한 강점이 있는 사람들의 뇌는 서로 더 비슷할 수 있어.

너의 뇌는 세상에 단 하나뿐이야. 네가 세상을 바라보고 함께 어울리는 방식도 다른 사람들과는 조금씩 다르지. 지구상의 모든 사람도 마찬가지야. 각각의 뇌는 세상을 받아들이는 방식이 달라서 때때로 의사소통이 조금 어려울 수도 있어. 우리는 결코 주변 사람들과 똑같은 방식으로 세상을 볼 수는 없지. 하지만 서로 이해하려고 노력할 때, 모든 사람(그리고 모든 뇌)에게 더 나은 세상이 될 거야.

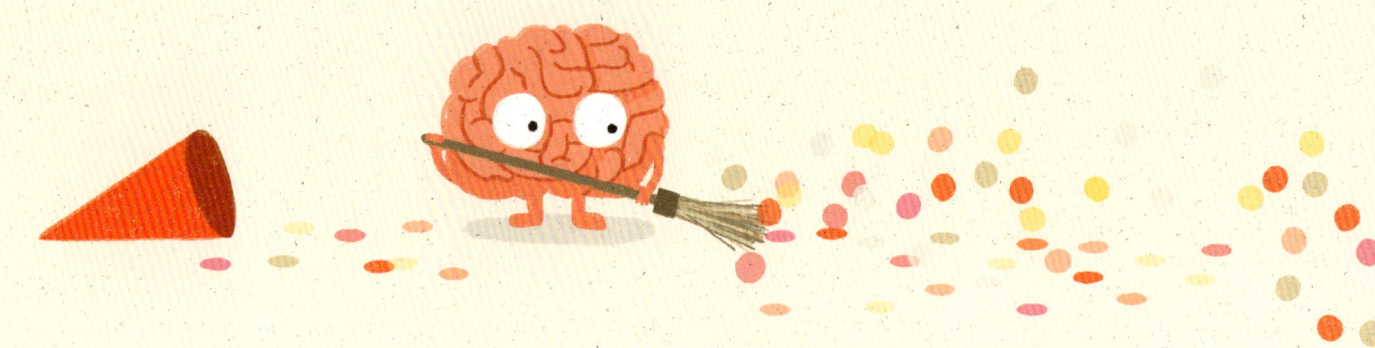

인간의 뇌에는 아직도 밝혀내야 할 부분이 많아.
한 가지 확실한 건, 모든 뇌가 조금씩 다르고
각자 독특한 방식으로 세상을 인식한다는 점이야.
그러니 언제나 그렇듯, 다른 사람을 이해하고 배려해야 해.
나의 뇌, 너의 뇌, 친구의 뇌…….
모든 뇌는 다 다르고, 또 존중받을 자격이 있으니까!

 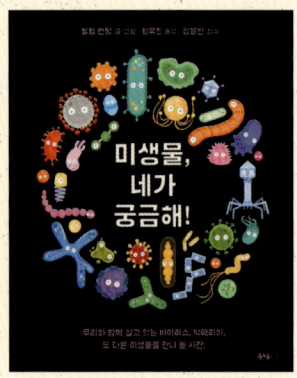 

북극곰 궁금해 시리즈29

뇌는 정말 놀라워!

2025년 6월 15일 초판 1쇄

글·그림 필립 번팅 ‖ 옮김 황유진
편집 유순원, 김지선 ‖ 디자인 이향령, 모수진 ‖ 마케팅 이상현, 신유정, 오창호
펴낸이 이순영 ‖ 펴낸곳 북극곰 ‖ 출판등록 2009년 6월 25일 (제 300-2009-73호)
주소 서울시 마포구 독막로 320 B106호 ‖ 전화 02-359-5220 ‖ 팩스 02-359-5221
이메일 bookgoodcome@gmail.com ‖ 홈페이지 www.bookgoodcome.com
ISBN 979-11-6588-444-4 77400 ‖ 979-11-89164-60-7 (세트)

Your Brilliant Brain
Text and Illustrations copyright © 2024 Philip Bunting
First published in Australia by Hardie Grant Children's Publishing
All rights reserved including the rights of reproduction in whole or in part in any form.
Korean translation copyright © 2025 by BookGoodCome
Korean translation rights arranged with Hardie Grant Children's Publishing through EYA(Eric Yang Agency)

이 책의 한국어판 저작권은 EYA(Eric Yang Agency)를 통해 Hardie Grant Children's Publishing과 독점 계약한 북극곰에 있습니다.
저작권법에 의하여 한국 내에서 보호를 받는 저작물이므로 무단 전재 및 복제를 금합니다.

제품명 : 도서 ‖ 제조자명 : 북극곰 ‖ 제조국명 : 대한민국 ‖ 사용연령 : 3세 이상
주의! 책 모서리가 날카로우니, 던지거나 떨어뜨려 다치지 않도록 주의하세요.
잘못된 책은 구입한 곳에서 바꾸어 드립니다.

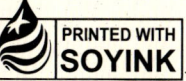 이 책은 친환경 콩기름 잉크를 사용하여 인쇄하였습니다.

짜잔, 나는 문어!
내가 누군지 다들 눈치챘지?
뇌 탐험에 함께해서 즐거웠어!